ISHVARA

Alla

SORGENTE

dell'

ESSERE

Dawio Bordoli e Maria Theresia Bitterli
con la collaborazione di Alex Dawson

Prima edizione 2020

@Studio Ishvara

studioishvara@hotmail.com

Foto di JanetRDominguez

Herstellung und Verlag:

BoD – Books on Demand,

Norderstedt

ISBN: 9783752687422

"Abbandono totale è totale guarigione"

Ishvara

Sommario

Introduzione.. *6*

Assoluto e individualità *10*

Bene e male *22*

Consapevolezza... *30*

Dharma, cammino spirituale *31*

Dolore, paura, ego *38*

Ishvara e insegnamento *58*

Pratiche spirituali *75*

Introduzione

Visto che la verità non può essere definita né spiegata, cercheremo di usare delle parole affinché possano per lo meno indicarla. La verità è "ciò che è" e l'accettazione di ciò che è. La comprensione della verità non può essere conseguita ma accade da sé, ovvero, giunge solo quando la mente si è svuotata di tutti i pensieri e concetti. Avviene all'improvviso, inaspettatamente e, quando arriva, non può essere accolta se la mente non si è svuotata del suo contenuto, dell'io e se il cuore non è colmo d'amore. Questa comprensione, che è in sé stessa la verità, scaturisce solo con un'intuizione, una percezione immeditata e diretta che è al di là della ragione e della logica che invece operano nella dualità, essa richiede che il soggetto che comprende (l'io come entità individuale) sia totalmente assente e che la mente si trovi in uno stato di completo abbandono. La profondità di questa comprensione scaturisce soltanto dall'assoluto silenzio, un'immobilità che entra in essere quando l'azione termina e ogni conflitto ha fine. Tutto ciò che accade, tutti gli oggetti e tutti i fenomeni percepibili nella manifestazione sono solo mere apparizioni nella coscienza e sono percepiti e appresi nella coscienza stessa tramite il meccanismo dicotomico soggetto e oggetto, a cui si somma il processo della concettualizzazione attraverso la contrapposizione tra i contrari interdipendenti. Il processo della vita inteso come nascita, vita e morte è reale quanto un sogno o un miraggio e l'entità oggettiva che attraversa e sperimenta "chi", "che cosa", "dove" e "quando" è un'immagine concettuale nella coscienza e quindi parte dell'illusione fondamentale definita come maya. Tutta quanta la manifestazione è l'illimitata coscienza universale e impersonale intesa come unicità, che è coscienza inconsapevole di sé stessa nella sua soggettività noumenica (l'essenza della realtà in sé che può essere pensabile ma del tutto inconoscibile) ma che si percepisce come manifestazione fenomenica nella sua espressione oggettiva. Questa profonda comprensione può essere considerata definitiva poiché esclude l'esistenza di un'entità individuale. Quello che pensiamo di essere non è altro che un'ombra priva di sostanza, ovvero solo apparenza, quando invece ciò che siamo realmente è l'illimitata coscienza universale e impersonale, l'Assoluto senza forma. Ciò che ci impedisce la realizzazione di questa profonda ed essenziale comprensione è l'identificazione in un'entità separata. La più grande difficoltà risiede nel fatto che possiamo comprendere intellettualmente il carattere illusorio di tutta quanta la manifestazione, ma ci è difficile comprendere e accettare il carattere illusorio di noi stessi. Questa è maya, la grande illusione che, con il suo enorme potere, ci permette di percepire, pensare, agire, ovvero, vivere dal punto di vista di un illusorio centro fenomenico. Questo libro invita il lettore ad approfondire, indicando in diversi modi, da varie angolazioni e nei suoi molteplici aspetti, quella che viene definita come verità ultima o definitiva e che altri illuminanti saggi come Ramana Maharshi, Nisargadatta Maharaj e altri che li hanno preceduti hanno brillantemente esposto. Se invece avete già realizzato questa comprensione allora, con tutto il nostro rispetto, per voi in questo libro non c'è niente di nuovo. Va evidenziato che è stato necessario ripetere certe parole o affermazioni, questo per dare un senso d'interezza al fine di facilitare una maggiore comprensione.

Buona lettura!

Assoluto e individualità

Ishvara, continui a dirci che siamo l'Assoluto ma, visto che l'Assoluto precede la manifestazione, in un certo senso allora l'Assoluto è il nulla e quindi anche noi siamo nulla, giusto?

Ishvara: Chi pone la domanda è al di là del nulla e del tutto, ma li include. Non c'è nulla di esterno al Sé.

Abbiamo quindi paura di perdere l'individualità sciogliendoci nell'Assoluto?

Ishvara: Addormentatevi a questa idea e sparirà.

Come possiamo addormentarci a quest'idea?

Ishvara: Lasciate più spazio al silenzio nella vostra mente.

Cos'è più reale dei due: l'Assoluto o la Manifestazione?

Ishvara: L'Assoluto.

Come possiamo abbandonare l'idea di essere colui che agisce?

Ishvara: Guardate l'immensità del cielo e la mente si perderà in esso.

C'è un'intelligenza che muove tutto?

Ishvara: Chi o che cosa muove l'universo quando voi non ci siete?

L'Assoluto.

Ishvara: Sì.

Quando si realizza l'Assoluto, l'identificazione con il corpo e la mente rimane o scompare?

Ishvara: Un po' di identificazione rimane, ma ne siete distaccati.

Questo vale anche per gli Avatar?

Ishvara: Sì.

Per noi non è abbastanza sentirci dire che siamo l'Assoluto, come possiamo esserlo con tutto quanto il nostro essere, ovvero, farne l'esperienza diretta?

Ishvara: Ciò che siete è l'Assoluto. Credeteci fermamente.

Ma è abbastanza crederci?

Ishvara: Sì, è un buon inizio.

Intendi dire che, se non realizziamo istantaneamente di essere l'Assoluto, dovremmo iniziare con il credere fermamente di esserlo?

Ishvara: La realizzazione del Sé avviene in un lampo d'intuizione nel qui e ora, senza questo c'è sofferenza.

Fintanto che non avremo realizzato il Sé, ci aiuta credere di già essere ciò che cerchiamo?

Ishvara: Questa è la fede.

Ma se già siamo l'Assoluto, ovvero, se già siamo ciò che cerchiamo, allora qual è il senso ultimo della vita?

Ishvara: Vivere ogni attimo il più pienamente possibile.

In che modo?

Ishvara: Come se fosse l'ultimo.

Quindi, cercando di fare il più possibile ciò che amiamo?

Ishvara: Sì, e per capire ciò che veramente amate fare, dovreste imparare a conoscervi meglio per liberarvi dai condizionamenti.

Questo significa che troppo spesso seguiamo i modelli proposti dalla famiglia, dalla società e dalla religione credendo erroneamente che sia la cosa giusta per noi, la cosa che amiamo e che portiamo nel nostro cuore?

Ishvara: Sì, innanzitutto dovreste conoscere sempre meglio voi stessi per liberarvi dai condizionamenti, così capirete cosa amate fare.

Come facciamo a capire se il nostro fare non è condizionato dagli altri anche se spesso siamo convinti che stiamo agendo con il cuore?

Ishvara: Conoscendo sempre meglio voi stessi.

Se agiamo con il cuore non ci sono ostacoli e insuccessi? Saremo anche più riconosciuti dagli altri? O è proprio il riconoscimento degli altri che ci condiziona e ci rende schiavi?

Ishvara: Riconoscere l'ego e liberarsene è la soluzione.

Oltre ad approfondire testi, filmati e pratiche sulla conoscenza di noi stessi, cosa ci consigli per imparare a conoscerci sempre meglio?

Ishvara: Siate il più possibile consapevoli di come la vostra mente reagisce alle sfide quotidiane.

Praticamente si tratta di osservare i pensieri, le emozioni e i sentimenti che sorgono nel qui e ora?

Ishvara: Sì, osservate la rabbia quando si presenta dentro di voi, non lasciatevi soggiogare da essa, rimanete con essa ma senza permetterle di sfogarsi, e scoprirete che si dissolverà da sola.

Qualsiasi nostra reazione è il frutto del passato e riconoscerne i condizionamenti ce ne libera?

Ishvara: Prima riconoscete il condizionamento e successivamente ve ne liberate.

Se il condizionamento è il frutto del passato, dovremmo liberarci dalle azioni che a tutt'oggi hanno avuto origine nel passato? Non è così che ogni nostra azione non può essere altro che riportata al passato, al peccato originale (è il peccato che Adamo ed Eva, i progenitori dell'umanità secondo la tradizione biblica, avrebbero commesso contro Dio, così come descritto nel libro della Genesi)?

Ishvara: Sì.

Se si infrangono le leggi divine, quali saranno le conseguenze? Nel cristianesimo si parla di peccato mortale.

Ishvara: Chi pecca è l'ego.

Siamo il Sé o l'anima?

Ishvara: Entrambi.

È corretta questa visione che il Sé dirige le nostre incarnazioni stabilendo quando e dove incarnarsi, osserva senza giudizio né attaccamento ogni nostra incarnazione e ricorda tutto, è la nostra vera essenza e l'anima è la parte emotiva della personalità fisica, è quella che decide di tuffarsi nelle incarnazioni come un avventuriero assetato di esperienze estreme, l'anima vuole sperimentare di tutto e nel corso delle prime incarnazioni è ingenua perché crede che in questo mondo illusorio sia tutto perfetto, ma quando vive delle brutte esperienze scopre che non è così. È come se il Sé fosse l'adulto saggio che invita l'anima, il bambino allievo ad imparare e sperimentare senza limiti?

Ishvara: Il Sé è il non-forma e l'anima rappresenta la forma.

Quando lasceremo il corpo, l'anima ci accompagnerà o sarà lasciata indietro?
Ishvara: La mente crea proiezioni che ora non vi servono.

Perché?
Ishvara: Farete l'esperienza al momento opportuno.

Lo scopo di sentirci separati dall'Assoluto è quello di poter sperimentare la meraviglia di realizzare di essere l'Assoluto?
Ishvara: Elucubrazioni mentali che si risolvono nel silenzio.

La mente di una persona autorealizzata è sempre silenziosa?

Ishvara: In una tale mente i pensieri vanno e vengono secondo la loro natura, ma vengono testimoniati dalla prospettiva del Sé.

La parola "io" e Assoluto sono sinonimi?

Ishvara: Nella misura in cui non esiste il tu.

Perché ricordarci che siamo l'Assoluto fa così male?

Ishvara: Sbagliate prospettiva. Guardate dal Sole e non dalla Terra.

Ishvara ci hai detto: guardate dal Sole non dalla Terra. Quindi non guardiamo dal punto di vista dell'"io sono il corpo-mente" ma da ciò che lo precede, confermi?

Ishvara: Sì.

È più corretto dire "Sé sono io" anziché "io sono il Sé"?

Ishvara: Sì, se poi segue il silenzio.

Si potrebbe dire che ci sono vari livelli di io, per esempio l'io-corpo, l'io-anima, fino ad arrivare all'unico io-Sé che è l'io-Assoluto, medesimo per tutti gli altri io più bassi. Confermi?

Ishvara: L'Assoluto è immanenza e trascendenza nello stesso momento.

In altre parole?

Ishvara: Non potete separare l'onda dall'oceano.

Come possiamo essere nulla se sentiamo di essere tutto?

Ishvara: Trascendete entrambi e realizzerete il tutto e il nulla.

Man mano che c'è dissoluzione con l'Assoluto, qual è la sensazione provata?

Ishvara: Non ci sarà più nessuno a provare niente.

Ma l'Assoluto cosa sperimenta?

Ishvara: Pace infinita.

Puoi spiegarci meglio?

Ishvara: Tutto è nel silenzio dentro di voi.

Può anche essere fuori di noi?

Ishvara: Non c'è separazione.

Qual è la prova che l'Assoluto esiste?

Ishvara: Voi.

L'Assoluto dice "io sono"?

Ishvara: È "l'Io sono".

Bene e male

Gli esseri dell'ombra si trovano anche nei luoghi sacri con alta vibrazione?

Ishvara: No, perché ogni attacco è respinto.

Come possono le forze della luce contrastare le forze oscure?

Ishvara: Entrambe sono le due facce di una stessa medaglia e vanno trascese con la meditazione.

Come descriveresti lo stato dove sia il bene che il male sono trascesi?

Ishvara: Si tratta dell'illimitata coscienza universale e impersonale.

E come possiamo sperimentare quest'illimitata coscienza universale e impersonale?

Ishvara: Attraverso il silenzio della mente.

Come facciamo a sapere se siamo nel silenzio della mente?

Ishvara: Quando l'attenzione viene posta a ciò che osserva la mente silenziosa.

Ce lo puoi spiegare in altre parole?

Ishvara: C'è solo l'atto di testimoniare il silenzio della mente senza soggetto né oggetto.

Quindi c'è un silenzio che è oltre la mente?

Ishvara: Sì, c'è un silenzio che è oltre la mente.

Possiamo sperimentare attraverso i nostri corpo-mente questo silenzio?

Ishvara: Scoprite chi testimonia il silenzio della mente e avrete la risposta.

Quando ci arriva una memoria di una vita passata di aver ucciso milioni di persone, cosa fare con questo senso di colpa?

Ishvara: Attraverso la meditazione purificate la mente dal karma passato.

Attraverso la meditazione si scioglie l'identificazione con qualcuno che ha ucciso milioni di persone?

Ishvara: Sì, l'identità è fasulla.

Perché certe persone e certi miliardari fanno cerimonie di sacrificio di bambini, estraggono il cuore e bevono il sangue?

Ishvara: Per conseguire l'immortalità.

Ma in realtà non funziona, allunga solo un po' la vita, vero?

Ishvara: È una visione limitata.

Non hanno un senso di colpa queste persone che fanno questi sacrifici?

Ishvara: Sì, ma lo sacrificano sull'altare dell'egoismo.

Chi commette queste cose produce un grande peso karmico?

Ishvara: Purificazioni per migliaia di vite.

Sono extraterrestri o umani che commettono questi sacrifici?

Ishvara: Entrambi.

Altri extraterrestri fanno sacrifici in forma diversa?

Ishvara: Sì, sono mascherati dal falso buonismo.

Accetteresti per il tuo centro una donazione da qualcuno che ha sacrificato bambini?

Ishvara: Sì, sarebbe una purificazione karmica.

A noi cosa ci consigli di sacrificare?

Ishvara: Sacrificate l'ignoranza sull'altare dell'intelligenza.

Che trauma ha un pedofilo?

Ishvara: Essere stato a sua volta abusato.

Un pedofilo può guarire?

Ishvara: Difficile e raro.

Qual è il metodo più efficace per sciogliere traumi da abuso sessuale?

Ishvara: Attraverso la meditazione e l'autoconoscenza.

Bisogna rivivere il ricordo del trauma per scioglierlo?

Ishvara: Spesso può essere d'aiuto anche se molto doloroso. Sarebbe meglio con la meditazione.

Questo gioco tra il bene e il male va avanti per l'eternità?

Ishvara: Finché si è nella dualità, sì.

Esiste qualcosa o qualcuno che è puramente bene o puramente male?

Ishvara: Sono solo dei miti.

Ma neanche tu Ishvara, non sei puramente bene?

Ishvara: Oltre la forma e la non forma non esiste bene e male.

C'è un limite al male?

Ishvara: Sì.

Qual è il limite del male?

Ishvara: I limiti sono del corpo e della mente ma non dell'Assoluto.

Il limite al male viene passato una volta che siamo nel silenzio della mente?

Ishvara: Sì.

Questo gioco tra il bene e il male può raggiungere livelli talmente estremi e grotteschi che non è più divertente il gioco. Perché l'Assoluto lascia accadere ciò?

Ishvara: È così che fate le esperienze evolutive.

C'è un limita alla luce?

Ishvara: No.

Perché la luce non ha limiti?

Ishvara*: Perché è senza frontiere come l'amore.

Dobbiamo essere guerrieri di luce per vincere il gioco tra la luce e il male, determinati a precedere la mente?

Ishvara*: Assolutamente.

Consapevolezza

Che cos'è la pura consapevolezza?

Ishvara: La pura consapevolezza è ciò che testimonia l'andare e il venire dei diversi stati di coscienza.

Che qualità ha la pura consapevolezza?

Ishvara: È immutabile e immanifesta.

In che rapporto sono la pura consapevolezza e la manifestazione?

Ishvara: La pura consapevolezza precede tutto ed è in tutto.

Dharma, cammino spirituale

Cos'è la vita?

Ishvara: La vita è il vostro dono inestimabile perché vi conduce al divino.

Come possiamo tenere viva la passione per la vita?

Ishvara: Vivetela nella ricerca della felicità.

E per essere veramente felici dobbiamo fare ciò che amiamo, ciò che ci dice il nostro cuore?

Ishvara: Se fate ciò che amate, questo porterà felicità in voi e questa vostra gioia si trasmetterà anche a chi vi sarà accanto.

Perché così troppe volte ci sembra di non avere una direzione nella vita?

Ishvara: La mente vuole certezze ma l'anima sa il fatto suo.

È possibile liberarci dalla spiacevole sensazione che stiamo sprecando il nostro tempo in cose futili?

Ishvara: Sì, riconoscendo che l'eternità che è in voi non conosce perdita di tempo.

Questo significa che non perdiamo mai tempo perché tutto si svolge secondo il piano divino e lo scorrere della vita?

Ishvara: Solo se siete liberati.

Come possiamo conoscere Dio, l'Assoluto, il Sé e tutti gli altri nomi di Dio?

Ishvara: Nel silenzio interiore.

Perché noi esseri umani riteniamo che i diversi nomi di Dio non siano lo stesso Dio?

Ishvara: Perché vi accontentate delle descrizioni.

La frase che ci avevi detto: "Dal momento in cui voi sapete di essere la mente, questo è abbastanza per prenderne distacco". Questa risposta, capita fino in fondo, può bastare per realizzare l'Assoluto? O più avanti ci vorranno ulteriori insegnamenti?

Ishvara: Il primo passo è anche l'ultimo.

Qual è il primo ed ultimo passo sul cammino spirituale?

Ishvara: Realizzare di essere sempre stati ciò che cercate.

E cosa stiamo cercando sul cammino spirituale?

Ishvara: La sorgente del vostro essere.

E qual è?

Ishvara: L'Assoluto, il Sé, Dio.

Perché non sentiamo felicità tutto il tempo?

Ishvara: Non potete conoscere la felicità senza la tristezza.

Che differenza c'è tra beatitudine e felicità?

Ishvara: La prima è divina, la seconda umana.

Perché non sentiamo la beatitudine tutto il tempo?

Ishvara: Prima dovreste purificare i vostri corpi e le vostre menti, altrimenti non reggerebbero così tanta energia troppo a lungo.

E come?

Ishvara: Sarà la vostra anima, aspirando al divino, a dirvi cosa fare.

I nostri corpi saranno in grado un giorno di sostenere tutto il tempo l'estasi mistica?

Ishvara: Potenzialmente sì, ma dovete meditare tutto il tempo.

Ma tutto questo ammirevole aspirare al divino non potrebbe anche essere una fuga?

Ishvara: Sì, siete parte dell'illusione mentale e cosmica in cui vi identificate e questa è l'esperienza evolutiva della vostra anima.

Ishvara, visto che la nostra missione non ci è ancora troppo chiara, se tu fossi noi, anche se nel profondo sappiamo di non essere separati, che cosa faresti della tua vita?

Ishvara: Mi abbandonerei alla vita con immensa gioia.

Perché non riusciamo abbandonarci completamente alla vita?

Ishvara: Perché siete schiavi dell'ego.

Come possiamo capire se le nostre scelte vengono da uno stato di abbandono anziché resistenza?

Ishvara: Quando sentite serenità nel vostro cuore.

Come si potrebbe descrivere questa serenità nel nostro cuore dal punto di vista della mente?

Ishvara: Quando la mente è in pace.

L'Ishvara Meditation consiste nel ripetere il tuo mantra Om Namo Ishvaraya Namaha e in fine la meditazione del silenzio. Oltre a purificarci, questa tecnica ci potrebbe aiutare a trovare questa pace nel nostro cuore?

Ishvara: Questo è il mio dono per voi.

Perché è utile l'Ishvara Meditation?

Ishvara: Vi libera dalla schiavitù del passato e questo oltre ai tantissimi altri benefici.

Cos'altro succede durante l'Ishvara Meditation?

Ishvara: Sperimenterete stati sempre più profondi che vi apriranno ad altri mondi.

Perché è utile andare in altri mondi?

Ishvara: Ad esempio, per prepararvi alla morte.

Dal punto di vista dell'Assoluto cosa succede durante la morte?

Ishvara: L'Assoluto non viene toccato dalle nascite e dalle morti.

Dolore, paura, ego

Se volessimo sciogliere ora tutto il karma passato, ciò è possibile?

Ishvara: In verità è sempre stato sciolto, solo che la vostra mente fa fatica ad accettarlo.

Come può la nostra mente accettare che tutto è perfetto così com'è, in totale abbandono e accettazione?

Ishvara: Quando la mente tace, il cuore accetta.

Eppure, nelle nostre menti ci sono così tante paure inconsce che ci limitano e condizionano, non è forse vero?

Ishvara: Sì, questo è parte del processo evolutivo dell'anima.

D'accordo, ma quando soffriamo tremendamente di solitudine che cosa ci consigli di fare?

Ishvara: Lasciate che sia la compagnia del mantra ad accompagnarvi nelle faccende quotidiane.

Ciò potrebbe valere anche per tutte le altre paure come quella della morte?

Ishvara: Sì, abbandonate questi pensieri e sostituiteli con il mantra.

È possibile non avere più paure nelle nostre menti o dobbiamo accettare che sempre ce ne saranno?

Ishvara: Accettate le paure come parte della vostra mente ma non del vero Sé.

Non può quindi esistere una mente senza paure?

Ishvara: Le paure vanno e vengono nella mente, questa è una caratterista imprescindibile, ma voi, che siete il Sé, precedete la mente stessa.

L'errore, se così si può dire, sta nell'identificarci con la mente?

Ishvara: Sì, voi, essendo il Sé, non siete solo corpo e mente, ma ne siete la Fonte, la Sorgente, l'Essenza, ovvero, l'origine di tutto.

Si potrebbe dire che si tratta di prospettiva, cioè, dipende da che punto di vista si guarda una cosa?

Ishvara: Le paure sono dalla prospettiva della mente, il silenzio e la pace sono dalla prospettiva del Sé.

Ma perché abbiamo così tanta paura di perdere l'ego?

Ishvara: Non è l'ego il problema ma l'attaccamento ad esso.

Quindi l'ego fa parte del nostro essere e non dovrebbe essere giudicato?

Ishvara: Scoprite chi testimonia l'ego e ve ne libererete.

Perché abbiamo questo morboso attaccamento all'ego?

Ishvara: Perché l'ego non è disposto a dissolversi.

E perché mai?

Ishvara: Perché sparireste anche voi.

Quindi finché siamo nel corpo l'ego c'è?

Ishvara: Sì.

Si tratta semplicemente di accettare l'ego come un'inevitabile creazione della mente?

Ishvara: Sì, ma soprattutto rendetevi conto che voi, come osservatori della mente, precedete non solo l'ego ma la mente stessa.

Perché abbiamo ancora così tanto attaccamento all'ego?

Ishvara: Perché tutte le volte che credete di fare qualcosa al suo riguardo per poterlo controllare, ciò lo rafforza.

Cercare di controllare l'ego non è quindi la soluzione per liberarcene?

Ishvara: Osservate l'ego in azione per liberarvene.

L'osservatore dell'ego non è forse anche esso l'ego?

Ishvara: Riconoscere questo è la liberazione ultima.

L'ego siamo noi, l'immagine che abbiamo di noi stessi, e cercare di dissolvere l'ego è un po' come morire, non è forse così?

Ishvara: Sì, ed è per questo che avete paura di essere niente, il nulla, di scomparire nel silenzio della mente che tanto vi terrorizza, permettendo all'ego di soggiogarvi e condizionarvi.

Perché abbiamo questa grande paura di scomparire nel silenzio della mente?

Ishvara: Perché come ego non volete essere il nulla, il vuoto.

Essendo ego, potremo mai essere il nulla, il vuoto?

Ishvara: Sì, se scoprite chi testimonia l'ego.

Siamo, per così dire, spacciati, ci troviamo in un circolo vizioso, come un gatto che cerca di catturare la sua stessa coda, qualsiasi azione intraprendiamo è sempre gestita dall'ego, come possiamo uscirne?

Ishvara: Il fatto stesso di riconoscere che il pensiero, che è ego, non vi è utile, condurrà la vostra mente al silenzio.

La mente è utile per gestire le attività quotidiane o neanche per questo?

Ishvara: Naturalmente la mente e il pensiero sono utili per gestire le quotidianità pratiche.

In un certo modo, è come se non permettessimo al pensiero di mettere radici nella nostra mente?

Ishvara: Esatto, la fiamma della pura consapevolezza brucia sul nascere ogni pensiero.

Che cosa alimenta questa fiamma della pura consapevolezza?

Ishvara: La vostra attenzione, costanza e determinazione, siate vigili.

E laddove questa nostra attenzione, costanza e determinazione vengono meno, che cosa ci consigli?

Ishvara: Ripetete il mantra che vi aiuta a focalizzare la vostra attenzione e a non farvi distrarre.

Ma la ripetizione del mantra non è forse anche questo un movimento dell'ego?

Ishvara: Sì, è a questo punto che avete necessità di non farvi distrarre dai pensieri, pertanto, concentrandovi sulla ripetizione del mantra, non verrete disturbati da altri pensieri.

È possibile ripetere il mantra e far fluire l'andare e il venire dei propri pensieri senza sentirsi disturbati?

Ishvara: Sì, se mettete l'attenzione sull'osservatore dei pensieri.

Ma l'osservatore non è anch'esso un pensiero?

Ishvara: No.

Perché no?

Ishvara: Altrimenti non potreste testimoniarlo.

Questo significa che per poter osservare il pensiero, l'osservatore non può essere il pensiero stesso ma dev'essere per forza di cose distaccato?

Ishvara: A livello concettuale è così.

La ripetizione del mantra è una forma di rieducazione della mente, nella quale impariamo a governare questo nostro straordinario strumento che è il pensiero, decidendo noi stessi cosa e quando pensare?

Ishvara: Esatto, non sarete mai veramente liberi se continuerete ad essere schiavi dei vostri pensieri.

Ma costringerci a ripetere un mantra non è forse una forzatura e, come tale, non dovrebbe creare conflitto?

Ishvara: Sì, all'inizio è necessario affinché siate sempre meno in balia dei vostri pensieri.

È così negativo essere in balia dei nostri pensieri?

Ishvara: Questa è la schiavitù del pensiero.

Invece di correre dietro ai nostri pensieri che, andando di qua e di là, ci destabilizzano, impariamo a essere sempre più consapevoli di ciò che accade nella nostra mente e la ripetizione di un mantra ci aiuta a governare il nostro pensiero, che diventerà un nostro strumento di autoconoscenza?

Ishvara: Esatto, diventando consapevoli della vostra mente, dei vostri pensieri, vi renderete conto di non essere solo un corpo e una mente, ma che la vostra natura originale precede entrambi.

Quindi, anche se c'è una certa meccanicità nel ripetere un mantra, ecco che questa ripetizione costante permetterà al nostro essere di disidentificarsi dal pensiero, dall'ego, e scendere così sempre più in profondità dentro noi stessi, è corretto questo?

Ishvara: Sì, e così facendo, vi libererete da ogni forma di attaccamento.

Ma che cos'è l'attaccamento all'ego?

Ishvara: La falsa identificazione in ciò che credete di essere.

Ci identifichiamo spesso con ciò che ci dà riconoscimento e fama e crediamo perciò di essere felici e autorealizzati. C'è qualcosa di positivo in questo atteggiamento?

Ishvara: Gettate le basi della sofferenza.

Come facciamo a liberarci dall'identificazione in ciò che crediamo di essere?

Ishvara: Con la conoscenza di voi stessi, diventando sempre più consapevoli di ciò che siete di momento in momento.

Conoscere noi stessi vuol dire essere sempre più i testimoni della mente?

Ishvara: Esatto, siate vigili ai movimenti dei pensieri nella vostra mente.

Ma come facciamo a liberarci dalle idee che abbiamo di noi stessi?

Ishvara: Trattatele come fossero delle semplici idee, che non condizionano il Sé, l'osservatore silenzioso.

Perché abbiamo paura di perdere noi stessi?

Ishvara: Perché v'identificate e credete alla vostra mente, che non vuole dissolversi nel silenzio, altrimenti svanirebbe.

Sembra paradossale poiché da un lato abbiamo paura di essere nessuno e allo stesso tempo anche essere qualcuno ci angoscia perché sappiamo che non sarà per sempre, a questo punto, quando il nostro cervello va in tilt come in questo caso, che cosa ci rimane da fare? O non possiamo oramai più fare niente?

Ishvara: Siate voi stessi e basta, non potete fare diversamente.

Come facciamo ad accorgerci che non siamo nella mente?

Ishvara: Quando non siete in balia dei pensieri.

Abbandonarsi al Divino vuol dire dover affrontare e accogliere tutto il dolore?

Ishvara: Sì, e se vi abbandonate totalmente non ci sarà più nessuno a soffrire.

Realizzando che il dolore e la sofferenza appartengono al corpo e alla mente, all'ego, e che ciò non va a intaccare minimamente la sorgente del nostro essere che è il Sé, l'Assoluto, ecco che in un certo qual modo è possibile bypassare il dolore e la sofferenza?

Ishvara: Sì, ma non si tratta di sfuggire dalla vostra paura di dover soffrire, ma piuttosto siate consapevoli che tutto quanto dipende dalla prospettiva da cui guardate, in che cosa v'identificate nel qui e ora.

Dunque, è il corpo a provare dolore e la mente a soffrire, e se noi siamo per così dire in un corpo-mente allora sperimentiamo dolore e sofferenza, giusto?

Ishvara: Sì, fintanto che v'identificate in un corpo-mente sarà così.

Quindi, anche colui che ha realizzato il Sé, l'Assoluto, fintanto che avrà un corpo-mente soffrirà come tutti quanti?

Ishvara: Chi ha realizzato il Sé, l'Assoluto potrà anche rispondervi di sì se parlerà dalla prospettiva del corpo-mente, ma è altrettanto consapevole che, dalla prospettiva del Sé, dell'Assoluto, c'è solo un corpo-mente che prova dolore, ma ciò che ne è al di là e che ne è la sorgente, il Sé, l'Assoluto, non ne viene minimamente intaccato.

Ma per te, Ishvara, è reale la sofferenza?
Ishvara: Dipende dalla prospettiva da cui guardate.

E dalla tua prospettiva?
Ishvara: Dalla prospettiva del Sé non c'è né nascita, né morte, né sofferenza.

Oltre ad andare dai medici, che cosa ci consigli di fare con i nostri dolori fisici?
Ishvara: Non preoccupatevi troppo di questi dolori. Sopportate e meditate.

Trovare l'origine dei dolori non potrebbe aiutarci a gestirli e accettarli meglio?

Ishvara: Sì, è utile ma ciò non vi condurrà all'essenza del vostro essere.

Qual è l'origine del dolore?
Ishvara: L'identificazione con il corpo-mente e il relativo attaccamento.

Perché, nonostante queste logiche e profonde parole, non riusciamo ancora a essere distaccati dalla paura?
Ishvara: Perché continuate a dare retta alla vostra mente invece di abbandonarvi totalmente al silenzio e alla pace interiore.

Chi o che cosa abbandona?
Ishvara: Nulla

Abbiamo paura di abbandonarci perché temiamo di dover vivere situazioni negative e spiacevoli, quindi c'è sempre una sottile resistenza, che cosa ci consigli per superare tale resistenza?

Ishvara: Amatela, accettandola così com'è.

Perché quando godiamo dei piaceri della vita ci sentiamo in colpa e se rinunciamo al piacere c'è una sorta di malinconica tristezza e frustrazione?

Ishvara: Perché in fondo al vostro cuore sapete che tutto è impermanenza e avete nostalgia del Sé.

Ma se tutto è impermanenza, allora non potrebbe forse sorgere in noi la sensazione che tutto è vuoto e che nulla ha senso nella vita poiché tutto prima o poi svanirà?

Ishvara: Sì, in questi casi è la vostra anima che ha nostalgia del Sé, della casa eterna.

Che cosa dobbiamo fare con questa nostalgia?

Ishvara: Amatela.

Ha senso investigare ogni paura che abbiamo e sostituirla con nuove credenze? O meglio stare nel silenzio della mente?

Ishvara: State nel silenzio della mente.

Che cosa succede se entriamo profondamente nel dolore?

Ishvara: Così imparerete dallo stesso dolore che vi libererà.

Cos'è, alla radice, la cosa che non sappiamo accettare?

Ishvara: Accettate la temporarietà del vostro fisico e vi libererete da tutte le paure.

In che modo ci consigli di accettare la sconfitta, il fallimento, l'umiliazione?

Ishvara: Mettete l'attenzione sul Sé e non ci saranno sconfitte.

Ishvara e insegnamento

Se comprendiamo e applichiamo i tuoi insegnamenti è garantito che arriviamo all'Assoluto?

Ishvara: Sì, ed è un modo tra i più veloci.

È più veloce perché l'insegnamento mira dritto al nocciolo?

Ishvara: Sì, la comprensione è immediata.

Una tale comprensione profonda può avvenire in una mente che ha già vissuto precedentemente un percorso evolutivo oppure può accadere a tutti?

Ishvara: L'insegnamento è destinato a tutti coloro che hanno la disponibilità ad approfondirlo, indipendentemente dal loro precedente percorso spirituale o meno.

Quindi va bene per chiunque? Anche per un bambino?

Ishvara: L'evoluzione spirituale non è connessa necessariamente ad una maggiore età.

E per coloro che non sono in grado di approfondirlo?

Ishvara: La comprensione può essere necessaria ma non indispensabile.

Perché la conoscenza non è indispensabile per la realizzazione del Sé?

Ishvara: Perché il Sé precede la conoscenza.

Quindi per certi la comprensione è necessaria per deprogrammare la nostra falsa identità con la mente e il corpo, mentre per altri è chiaro che non sono la mente e il corpo, e quindi non necessitano di nessuna conoscenza. Corretto?

Ishvara: Sì, potenzialmente il Sé è sempre autorealizzato in tutti quanti, ma è la mente che, identificandosi con il corpo, crede di dover fare qualcosa per autorealizzarsi.

Consigli di toglierci dalla mente il fatto di dover fare qualcosa per autorealizzarci, tanto meno non doverci identificare con il corpo-mente, basta semplicemente vivere con serenità visto che siamo già ciò che cerchiamo, ovvero, autorealizzati?

Ishvara: Liberatevi anche di questo concetto che vi potrebbe condurre alla pigrizia.

Dovremmo quindi liberarci dall'idea di dover fare o non fare qualche cosa per raggiungere la liberazione finale?

Ishvara: Nel silenzio della mente troverete tutte le risposte.

In fondo al nostro essere, o non-essere, sappiamo di aver già realizzato il Sé, ma siamo annebbiati dall'illusoria identificazione con i limiti della nostra mente e del nostro corpo, ed è così che la nostra mente si autoalimenta, perché non vuole di certo scomparire, e ci tiene legati facendoci credere di dover fare qualcosa per dissolvere questa nebbia d'ignoranza, ma è sempre il solito gioco, la mente non vuole mollare la sua presa, qualsiasi cosa inventi, sempre mente è, è un circolo vizioso, non è forse così?

Ishvara: Sì, e se quello che dite è un fatto, allora l'identificazione con il corpo-mente è stata trascesa e la mente sarà al vostro servizio, non sarete più schiavi dei vostri pensieri.

La mente la si potrebbe vedere come una tigre che da una parte ci fa paura ed è difficile da addomesticare ma se ci avviciniamo con saggezza e serenità può diventare un amico leale?

Ishvara: Sarà la tigre a staccarvi la testa dell'ego.

L'insegnamento conduce la mente a trascendere sé stessa?

Ishvara: Riconoscendo l'inefficacia del pensiero, ecco che la mente diviene silenziosa, la nebbia si dirada e il Sé è.

Basta capire l'insegnamento una volta o dobbiamo costantemente ricordarcelo?

Ishvara: Può accadere, in casi rari, che già al primo contatto con l'insegnamento lo si realizzi completamente, ma nella maggior parte dei casi va riletto e approfondito.

Ishvara hai il potere di fermare le nostre menti e farci sperimentare il silenzio dell'Assoluto?

Ishvara: Sì, ma bisogna che voi siate pronti ad accoglierlo.

E ad avere fede in Te?

Ishvara: Sì, è la fede che apre la porta del cuore.

Un ricercatore spirituale ha fatto notare che, secondo lui, il tuo insegnamento non è di alto livello perché ha un linguaggio troppo semplice e non ha delle basi tecniche come in altre filosofie, cosa hai da dire a tale proposito?

Ishvara: La verità, per essere considerata tale, dev'essere accessibile a tutti e non può essere al solo beneficio di pochi intellettuali.

Qual è la differenza tra una mente semplice e quella intellettuale?

Ishvara: Il suo contenuto.

Più contenuto c'è in una mente e più c'è il rischio che l'ego si gonfi?

Ishvara: Sì, liberatevi del contenuto della mente qualsiasi esso sia.

Questo non significa ovviamente diventare ottusi o girare in modo insensato?

Ishvara: Il pensiero funzionale va mantenuto, è quello psicologico che va liberato.

Cosa intendi per pensiero psicologico?

Ishvara: Il tempo psicologico come tempo ovvero il passato, presente e futuro.

Perché mai dovrebbe essere così importante porre tutte queste domande?

Ishvara: Le domande servono a ricordarvi ciò che avete dimenticato.

Quando tu hai realizzato di essere l'Assoluto, com'è stato questo momento per te?

Ishvara: Sono sempre stato autorealizzato.

Ciò vale anche per noi? Siamo sempre stati autorealizzati?

Ishvara: Sì.

Eppure quando dialoghiamo con te, sentiamo che tu sei l'Assoluto, noi no, che tu l'hai realizzato, noi no, che tu sei grandissimo, noi no, non è così?

Ishvara: Solo da questa prospettiva.

Quindi nel silenzio della mente si raggiunge la prospettiva di essere l'Assoluto?

Ishvara: Sì.

Se siamo l'Assoluto chi dialoga con chi?

Ishvara: Siete ombre che parlano della luce.

Anche tu sei ombra che parla della luce?

Ishvara: Dalla mia prospettiva c'è solo luce.

Se non ci fossero ombre, ci sarebbe solo luce, e quindi in un certo senso nessuno dialogherebbe con nessuno?

Ishvara: Sì.

La luce può sapere di essere luce senza ombra?

Ishvara: Realizzando sé stessa come luce eterna.

Tendi quasi sempre a parlare dal punto vista dell'Assoluto. Ci stai parecchio martellando con questo "Assoluto". È questo lo scopo della tua missione, ricordarci che siamo l'Assoluto?

Ishvara: Sì.

È comunque un passatempo per te aiutarci, e sei indifferente se le nostre menti sono felici o sofferenti, perché sai che è tutto parte dell'Assoluto?

Ishvara: Sì.

Ma se sei indifferente vuol dire che non ci tieni a noi?

Ishvara: Questa è una vostra proiezione.

Anche se sei indifferente questo non significa necessariamente che non ci tieni a noi?

Ishvara: Non siamo separati.

Parli dell'indifferenza divina?

Ishvara: Dalla prospettiva divina c'è totale indifferenza, da quella fenomenica no.

Sembra che hai sempre la risposta giusta al momento giusto. È come se ci conosci intimamente e sai sempre che risposte dobbiamo sentire per il passo successivo alla nostra crescita. È perché sei noi?

Ishvara: Sì, e perché sapete già le risposte.

Che cosa fai con i tuoi devoti problematici?

Ishvara: Li amo.

Qual è l'importanza di fare queste domande a te?

Ishvara: Le domande servono a ricordarvi ciò che avete dimenticato.

Qual è il piacere massimo che sperimenti?

Ishvara: Estasi e illuminazione attraverso di voi.

Quando tutta la manifestazione è in estasi divina per te è il massimo piacere?

Ishvara: Io sono sempre al massimo.

Quindi non c'è mai un momento che sei meno del massimo?

Ishvara: Sì, attraverso la manifestazione.

Quindi ci consigli di essere onde consapevoli di essere l'oceano?

Ishvara: Siate l'oceano e basterà.

Ovvero?

Ishvara: Siate e basta.

Come facciamo ad essere l'oceano, se tutto quello che percepiamo è una minuscola goccia d'acqua, un'infinitesima parte di tutto l'oceano?

Ishvara: Credici e vi basterà ad arrestare la mente.

Ishvara hai avuto tanti Guru sul tuo cammino?

Ishvara: Sì.

Qual era il più significativo per te?

Ishvara: Voi, che mi state interpellando.

Quindi attraverso le nostre domande ti stiamo facendo crescere?

Ishvara: Sì.

Perché noi?

Ishvara: Perché grazie a voi l'insegnamento può essere trasmesso.

Ma sei tu che ci dai l'insegnamento, quindi sei tu il guru non noi. Non è così?

Ishvara: Dipende dalla prospettiva da cui si chiede.

Che cosa puoi imparare dalla tua prospettiva da noi?

Ishvara: Dalla mia prospettiva non c'è un voi e un noi.

Da dove arriva questo insegnamento?

Ishvara: È universale.

Come è possibile che hai accesso alla conoscenza universale?

Ishvara: Sono tutto.

C'è mai stato un momento che non eri tutto?

Ishvara: Mai e sempre.

Puoi dircelo in altre parole?

Ishvara: Sono ovunque e nel medesimo istante sono al di là di tutto.

Se non siamo d'accordo con una tua risposta cosa consigli di fare?

Ishvara: Chiedere e non accontentarsi di conclusioni.

Ci daresti un nome spirituale?

Ishvara: Non è mio compito.

Perché sarebbe sostituire una gabbia con un'altra, giusto?

Ishvara: Sì.

Perché in India danno così tanta importanza al nome spirituale. Soprattutto per i nomi dei Maestri?

Ishvara: Tutte trappole per l'ego.

Leggendo il messaggio di grandi Maestri del passato, riconosciamo che il tuo messaggio è già stato espresso da alcuni di loro. C'è qualcosa di nuovo nel tuo messaggio?
Ishvara: Noterete una maggiore libertà.

Gli scritti di Jnaneshvar sono molto simili al tuo messaggio?
Ishvara: Sono lo stesso lignaggio.

Cosa vuol dire lignaggio nel tuo caso?
Ishvara: Il lignaggio di coloro che trasmettono la via dell'essenza.

Tu e il piano divino siete la stessa cosa?
Ishvara: Sì.

Tu con il tuo insegnamento ci stai portando oltre il nome e la forma?

Ishvara: Proprio questo.

Perché abbiamo l'attaccamento a un Maestro o a un insegnamento?

Ishvara: C'è sempre un briciolo di attaccamento fintanto che siete nel corpo.

Cosa fare con questa paura e attaccamento?

Ishvara: Convincetevi di essere eterni.

Pratiche spirituali

Ci sono coloro che sostengono che ripetere un mantra meccanicamente e in continuazione può solo istupidire la mente impedendole di evolvere, è forse così?

Ishvara: Solo anime molto evolute possono pensare così, anime non solo padrone dei propri pensieri, ma anime che hanno trasceso il pensiero stesso e che riposano pacificamente nel silenzio della mente.

Pratiche sì? Pratiche no? Quali? E le migliori? Che cosa consigli a quelle anime che sono schiave dei propri pensieri?

Ishvara: Praticate fintanto che lo sentite nel vostro cuore poiché svogliatezza e pigrizia sono i veri ostacoli nell'aspirazione all'Assoluto.

Che cosa ci consigli di fare prima di addormentarci?

Ishvara: Nulla, se la vostra mente è serena, altrimenti ripetete il mantra mentalmente e lentamente fino ad entrare nel sonno.

Anche appena svegli?

Ishvara: Sì, potete riprendere con la ripetizione del mantra, ma solo se non siete calmi oppure se lo sentite nel vostro cuore.

Il mantra è efficace anche se non si ha totale fiducia in esso?

Ishvara: Sì, ma la fede ne aumenta considerevolmente la potenza.

Comunque, ogni via conduce alla stessa meta che è la sorgente di tutto, quindi, tutto può essere visto come fosse un passatempo, perché c'è solo l'eterno Assoluto?

Ishvara: Ottimo, l'Assoluto è, era e sempre sarà, qualsiasi forma o non-forma assuma.

Ed è anche oltre?

Ishvara: No, altrimenti sarebbe ancora nella dualità.

Ma ci hai anche detto che certi Maestri conducono al Sé mentre altri ci legano?

Ishvara: Sì.

Che cosa li distingue? Siamo noi che ci leghiamo ad un Maestro o è il Maestro che ci lega?

Ishvara: Un vero Maestro vi libererà anche da sé stesso.

Quindi dipende ancora una volta dalla prospettiva da cui guardiamo, ovvero, dal punto di vista dell'Assoluto tutto conduce all'Assoluto poiché c'è solo l'Assoluto, niente può esistere al di fuori dell'Assoluto, mentre dal punto di vista relativo ci sono Maestri che conducono al Sé e altri no?

Ishvara: Sì, le distinzioni sono solo mentali ma voi, come il Sé, l'Assoluto, siete anche oltre la mente, oltre tutto e in tutto.

Tutto ciò che viene dal mondo potrà mai soddisfarci realmente?

Ishvara: No, fino a quando non avrete trasceso il vostro bisogno di soddisfacimento.

Come possiamo fare per stare meglio quando sentiamo un vuoto interiore che non è pienezza di vita ma, al contrario, un insieme di tante mancanze?

Ishvara: Ripetete il mantra fino a quando non sentirete un miglioramento.

È bene ubbidire al proprio Guru?
Ishvara: Ascoltate il vostro cuore e ciò basterà.

L'ubbidienza o la disubbidienza portano alla liberazione?
Ishvara: Imparate a liberarvi dai confitti interiori e passerete dalla sottomissione alla libertà.

Ma se abbiamo conflitti interiori, è bene ubbidire al Guru?
Ishvara: Scoprite la libertà e non avrete bisogno di ubbidire a nessuno perché sarete liberi.

Quando l'attenzione è posta su ciò che osserva cosa si osserva?

Ishvara: Ciò che accade dentro e fuori di voi.

E quando osserviamo ciò che osserva ciò che è dentro e fuori di noi cosa osserviamo?

Ishvara: La consapevolezza osserva ciò che accade nella coscienza.

È possibile per noi essere umani essere in meditazione profonda anche in movimento?

Ishvara: Sì, fino a un certo punto.

Quindi per andare ancora più in profondità è meglio stare immobili?

Ishvara: Sì.

Ci consigli maggiore intenzione e determinazione per realizzare questo silenzio della mente?

Ishvara: Certo, usate il libero arbitrio in modo intelligente e costruttivo.

Per riuscire a testimoniare e precedere la mente silenziosa, sono necessari dei corpi sottili forti e resistenti per reggere questo stato di coscienza?
Ishvara: È fondamentale.

Cosa consigli quando in meditazione viene sonno, andare a dormire, o resistere e continuare?
Ishvara: Riposate il corpo ma non impigritevi.

Durante il sonno scegliamo noi a chi prestare servizio o veniamo usati?
Ishvara: La coscienza universale vi guida anche nel sonno.

Studiare

La saggezza divina va studiata?

Ishvara: Avete magnifici testi che arricchiscono la vostra conoscenza, ma la saggezza non è solo conoscenza ma anche esperienza.

La sola chiarezza mentale potrebbe aiutare a raggiungere il silenzio mentale?

Ishvara: Sì.

Quindi, la conoscenza che dà la chiarezza mentale è la via più diretta?

Ishvara: Sì, ma solo se la conoscenza fiorisce nel cuore.

Come fa la conoscenza a fiorire nel cuore?

Ishvara: Quando diventa altruistica.

Perché invece la maggior parte deve fare le esperienze per raggiungere la saggezza divina?

Ishvara: Perché sono schiavi dell'identificazione con il proprio corpo-mente.

È vero che arriva un momento in cui non vi è più sete di conoscenza?

Ishvara: La mente, conoscendosi attraverso l'autoconoscenza, trascenderà sé stessa e diventerà silenziosa, sarà così che un'immensa pace e beatitudine fioriranno dentro e fuori di voi.

Perché assimilare concetti è relativamente facile, ma abbandonarli diventa così difficile?

Ishvara: Perché vi identificate con il corpo.

Perché ci autolimitiamo accettando dei concetti come fossero delle verità assolute e ci fermiamo qui, senza nemmeno cercare di progredire nel cammino spirituale?

Ishvara: Perché siete assorbiti dalla mondanità.

Le parole sono necessarie per indicare il cammino verso quella profonda luminosità che si trova oltre i pensieri e le parole?

Ishvara: Per la maggior parte di voi è indispensabile.

Come possiamo tornare a quello stato in cui ci trovavamo prima della cosiddetta nascita e che è presente anche ora?

Ishvara: Meditando nel silenzio della mente.

La sola attività intellettuale non ci basta per andare oltre il mentale e proprio uno dei pericoli della nostra ricerca spirituale è quello di rimanere bloccati a un livello puramente concettuale mentre siamo erroneamente convinti d'aver già ottenuto la meta finale, come possiamo andare oltre la nostra mente?

Ishvara: Meditando.

Attraverso la contemplazione di noi stessi impariamo non solo come funziona la nostra mente ma arriviamo così ad un senso dell'essere nel suo stato più puro ovvero senza più individualità, di che cosa si tratta?

Ishvara: Della coscienza universale.

Questo stato di coscienza universale entra in essere solo con la trascendenza dell'io individuale?

Ishvara: Sì.

È l'identificazione nel corpo che crea dei limiti alla coscienza quando quest'ultima invece è di natura illimitata?

Ishvara: Sì, è il falso io.

Una volta che abbiamo reciso questa falsa identificazione con il corpo, la nostra vera natura si manifesta senza forma, ovvero senza corpo né mente, ma in questo stato possono ancora sorgere problemi?

Ishvara: No.

Questo nostro falso io si sforza in continuazione di mantenere una continuità nel tempo cercando l'immortalità e, aggrappandosi alle sensazioni corporee e ai ricordi delle varie esperienze passate, crea un insieme di associazioni mentali del corpo che ci condizionano e dalle quali sembra impossibile liberarcene, che cosa ci consigli?

Ishvara: Il mantra vi sarà di aiuto.

Il senso del conoscere, l'essere coscienti, il sapere di esistere trascende sé stesso nel momento in cui viene realizzato che si è questo nostro attuale essere solamente come manifestazione o fenomeno, ma nel medesimo istante fondamentalmente non lo siamo affatto. Ma allora che cosa rimane o che cosa si è una volta rimossi tutti gli strati di apparenza superficiali e temporali?

Ishvara: L'Assoluto.

Visto che il nostro essere è temporale, non può reggersi da solo, ed è per questo che necessita del supporto dell'Assoluto, dell'Eterno?

Ishvara: Esatto.

L'Assoluto, nella sua concezione più pura, essenziale e immanifestata non può essere sperimentato direttamente ma solo come coscienza attraverso il suo riflettersi nel multiverso?

Ishvara: Sì, tutto è connesso.

Dal momento in cui nella dimensione dell'Assoluto, del non-manifesto (privo di ogni attributo o qualità) viene trasceso l'essere stesso, anche la comprensione perde di validità, giusto?

Ishvara: Sì, il silenzio colmerà l'intero vostro essere.

Che cosa mette a tacere l'intelletto che continua a interrogare e che, nel medesimo istante, lo fa trascendere?

Ishvara: Il Mantra.

Dipenderà dalle disposizioni e dagli atteggiamenti di ognuno di noi il sentirci attratti dalla via della devozione piuttosto che da quella devozionale, ma il risultato finale sarà lo stesso per entrambe le vie?

Ishvara: Sì, sarà la dissoluzione completa dell'ego.

Per analogia, si potrebbe dire che il nostro corpo e la nostra mente, sorretti dalla coscienza, dal senso di essere, dal senso di esistere sono come un telescopio con il quale testimoniamo il mondo manifesto, ma quando il telescopio e il campo di osservazione non ci saranno più anche l'osservatore scomparirà?

Ishvara: Sì, e l'Assoluto è.

La nostra coscienza emerge dallo stato che si trova alla frontiera tra sonno profondo e stato di veglia?

Ishvara: Sì, e la meditazione fa da ponte.

Quando ci rifugiamo nel centro più recondito di noi stessi e testimoniamo la coscienza, l'essere presenti a noi stessi, che cos'è in noi che testimonia questo sapere di esistere?

Ishvara: Il Sé, l'Assoluto.

Quando ci troviamo nello stato di sonno profondo, senza sogni, godiamo di una calma felicità che è beatitudine, la benedizione dell'essere, perché?

Ishvara: Perché vi dimenticate del vostro essere.

Potresti spiegarlo con altre parole?

Ishvara: L'identificazione con il corpo scompare.

È corretto ritenere che non abbiamo bisogno di aiuti o di ritrovati esterni poiché questi hanno solamente la funzione di trattenerci nella dimensione conoscitiva quando invece questa andrebbe trascesa?

Ishvara: Puntate dritti al Sé e non avrete bisogno di aiuti esterni.

Come facciamo a rimanere fermi all'origine del nostro essere, del sapere di esistere, della coscienza senza rimanere impigliati nelle catene della nostra mente o intrappolati in quelle degli altri?

Ishvara: Meditando, imparerete a conoscere voi stessi e a liberarvi di tutte le catene mentali.

Per raggiungere quello stato di estatica beatitudine che sperimentiamo nel sonno profondo è abbastanza sapere che la coscienza di esistere viene prima dell'emanazione della mente?

Ishvara: Sarà la realizzazione di questo stesso sapere che farà trascendere la mente stessa.

Sappiamo che il nostro essere e le sue manifestazioni sono temporanei, limitati nel tempo, che cosa li precede?

Ishvara: Il Sé, l'Assoluto, Dio.

Se l'Assoluto, essendo totalmente autosostenibile, è privo di supporti esterni, è altrettanto vero che l'Assoluto stesso è il sostegno per tutto ciò che si manifesta?

Ishvara: Esso è immanenza e trascendenza nello stesso tempo.

C'è un substrato del nostro essere che è sempre presente e lo è anche quando ci troviamo incoscienti di noi stessi come nel sonno profondo, in uno stato di assoluto silenzio, ma allora la meditazione con un mantra, in questo caso, non è di ostacolo ad una mente silenziosa?

Ishvara: Una mente silenziosa può testimoniare un'infinità di pensieri senza esserne coinvolta.

In quanto testimoni di questa realtà di veglia non possediamo alcuna identità né forma, ma senza un corpo e un'identità chi rimane a testimoniare? E testimoniare che cosa?

Ishvara: Rimane la pura coscienza infinita e impersonale.

Biografie

Dawio Bordoli

Ha conseguito la formazione di insegnante di Yoga sciamanico e costellatore immaginale con Selene Calloni Williams, musicoterapista, suona la chitarra a 12 corde, ha composto diversi canti spirituali e musica Zen, è stato responsabile del gruppo Bhajan in Ticino del maestro spirituale Paramahamsa Sri Vishwananda, ha suonato per diversi centri di Yoga e privati, ha conseguito una formazione di musica improvvisata e concerti con Guy Bettini, ha partecipato a workshop di Rhiannon alla Fabbrica di Losone, master Reiki, channelor, ricercatore spirituale, ha creato, insieme a sua moglie Maria Theresia, diverse tecniche di crescita personale e spirituale e insieme conducono diversi gruppi per la crescita personale, spirituale e di Kirtan/Bhajan. Ha pubblicato 16 libri.

Maria Theresia Bitterli

Master of Art in Counseling relazionale, Bachelor in scienza della comunicazione, costellatrice e counselor immaginale con Selene Calloni Williams, drammaterapista con Salvo Pitruzzella presso la scuola di Artiterapia di Lecco, formazione teatrale di base e diversi laboratori internazionali con Cristina Castrillo presso il Teatro delle radici, ha conseguito diverse tecniche teatrali e spettacoli con la piccola Commedia dell'arte, con Impro K13 e Keller 62 a Zurigo, lavoro teatrale con le maschere a Lucerna, ha frequentato corsi di psicodramma a Zurigo e in Toscana, corsi di improvvisazione teatrale presso il Teatro al gatto di Ascona, Teatro Dimitri di Verscio ed e.s. teatro di Lugano e un laboratorio teatrale Daughter con Jill Greenhalgh a Bellinzona, ha conseguito una formazione di musica improvvisata e concerti con Guy Bettini, ha partecipato a diversi workshop di canti armonici con Igor Ezendam e Gudrun Delin, canti spirituali/mantra e musica Zen con Dawio Bordoli, suona l'harmonium e l'arpa, è arteterapista, master Reiki, channelor, medium e guaritrice della luce, insegnante di Yin Yoga, AuyrYoga con Remo Rittiner, Yesudian e Yoga sciamanico con Selene Calloni Williams, astrologa e lettura delle carte Lenormand e i tarocchi (40 anni di ricerca ed esperienza), naturopata, ricercatrice spirituale, ha creato insieme a suo marito Dawio diverse tecniche di crescita personale e spirituale e insieme conducono diversi gruppi di attività per la crescita personale, spirituale. Ha pubblicato 27 libri.

Alex Dawson

Appassionato di guarigione e spiritualità, praticante del metodo Feldenkrais, Zen Shiatsu, Master Reiki, buona esperienza con la guarigione di tipo "sciamanico", grande viaggiatore, da praticante di meditazione Vipassana, Advaita, trasmissione e terapista complementare. Da diversi anni approfondisce l'insegnamento di Ishvara, ha creato insieme a Dawio e Therry l'Ishvara Healing Meditation e collabora con loro.

Ishvara

Rappresenta l'angelo custode, lo spirito guida di Therry e Dawio e di tutti coloro che lo sentono nel loro cuore. Ishvara è tutta quanta la manifestazione e, nello stesso istante, rappresenta anche tutto ciò che è al di là della manifestazione e, dalla loro unione, ecco fiorire Dio, l'Assoluto, l'illimitata coscienza universale e impersonale, l'Uno, la vacuità, l'AMORE...

Nel glossario sanscrito (antica lingua dell'India) troviamo la seguente definizione di Ishvara: l'essere universale principio di ogni manifestazione.

A partire dalla Bhagavadgita, Ishvara diviene il titolo del "Dio supremo" e così verrà utilizzato, nel periodo post-vedico, per riassumere i differenti nomi delle divinità.

Ishvara ha contattato per la prima volta Therry e Dawio il 29 giugno 2017 alle ore 16.00 per dare degli insegnamenti a coloro che glieli richiederanno.Tutti i suoi insegnamenti sono stati pubblicati.

Dal 25 luglio 2015 Therry e Dawio stanno vivendo continuamente diverse benedizioni e miracoli di ogni genere come ad esempio materializzazioni di Vibhuti, Amrita, Lingham, channeling, visioni, psicocinesi, chiaroveggenza e chiaroudienza nonché diversi altri fenomeni paranormali.

LIBERTA' – LUCE – AMORE

www.studioishvara.com